Camouflage & Decals

Warsaw Pact

Vol. II

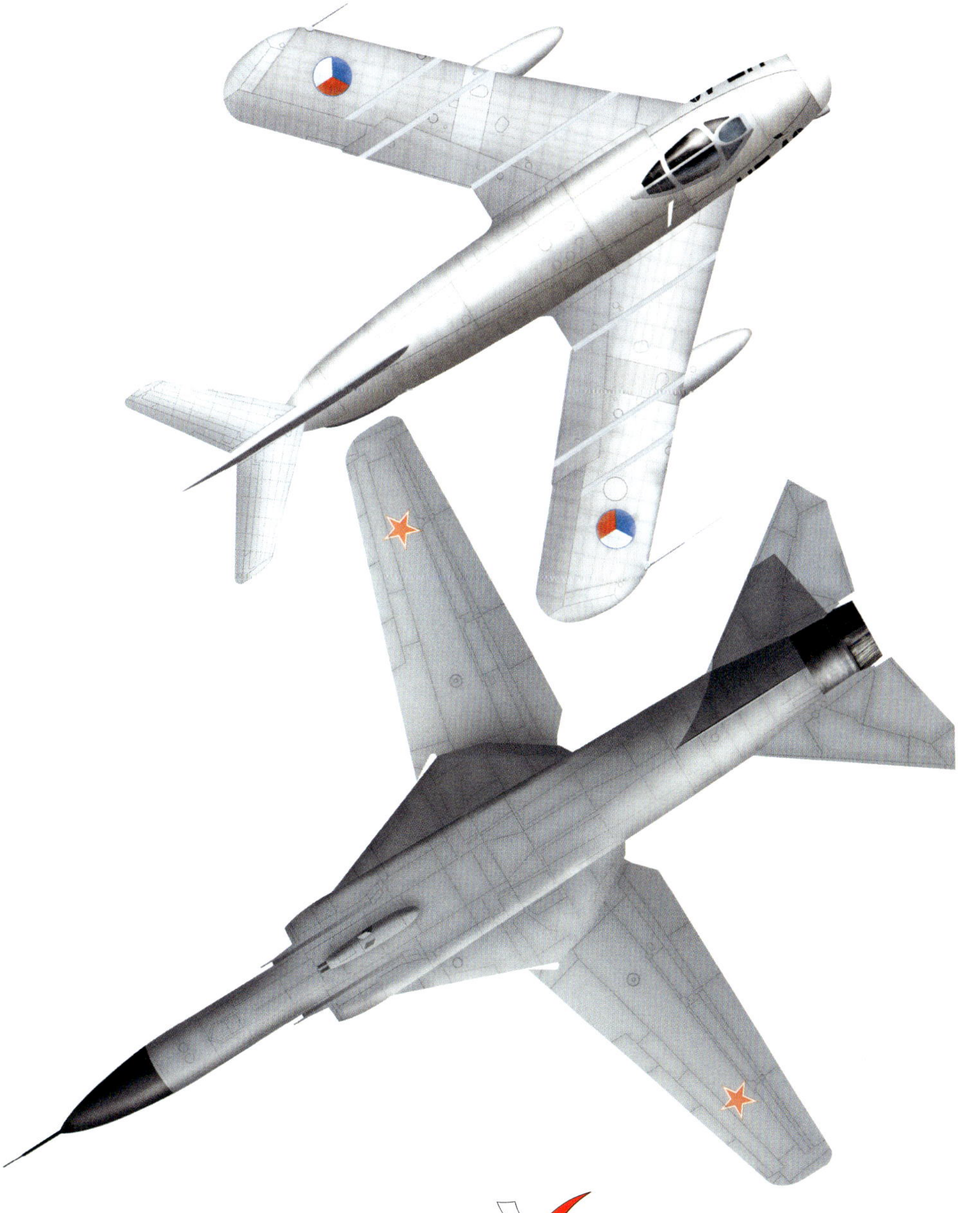

KAGERO publishing

Painted by / Malował: Marcin Górecki

East German MiG-15bis of Jagdfliegerausbildungsgeschwader 11. Bautzen, December 1961.
Wschodnioniemiecki MiG-15bis, Jagdfliegerausbildungsgeschwader 11. Bautzen, grudzień 1961 roku.

Painted by / Malował: Marcin Górecki

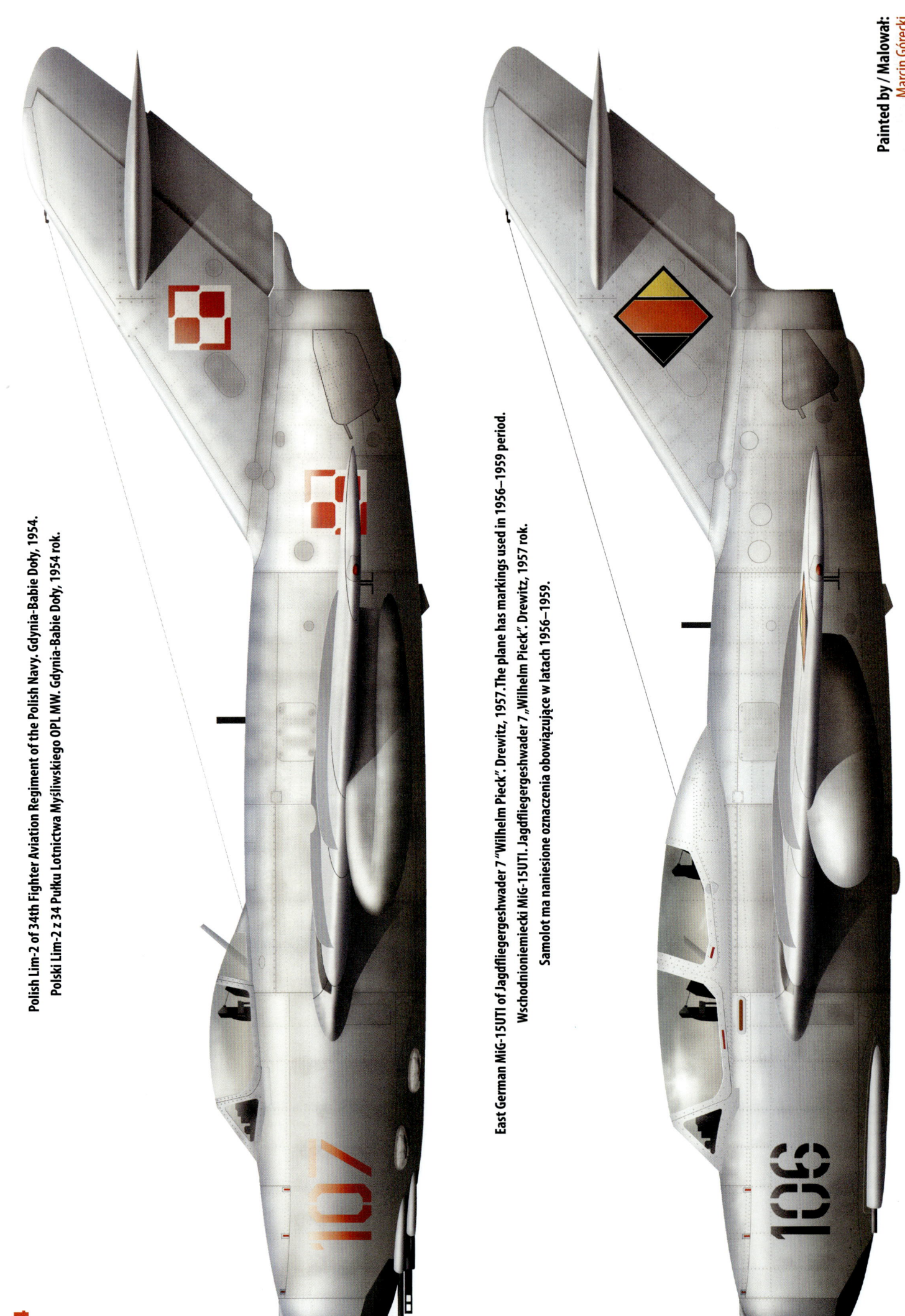

Czechoslovakian MiG-15bis of 30. stíhací bombardovací letecký pluk "Ostravsky". Pardubice 1969.
Czechosłowacki MiG-15bis. 30. stíhací bombardovací letecký pluk „Ostravsky". Pardubice, 1969 rok.

Czechoslovakian MiG-17PF of 11. stíhací letecký pluk. Žatec, 1957.
Czechosłowacki MiG-17PF. 11. stíhací letecký pluk. Žatec, 1957 rok.

Painted by / Malował:
Marcin Górecki

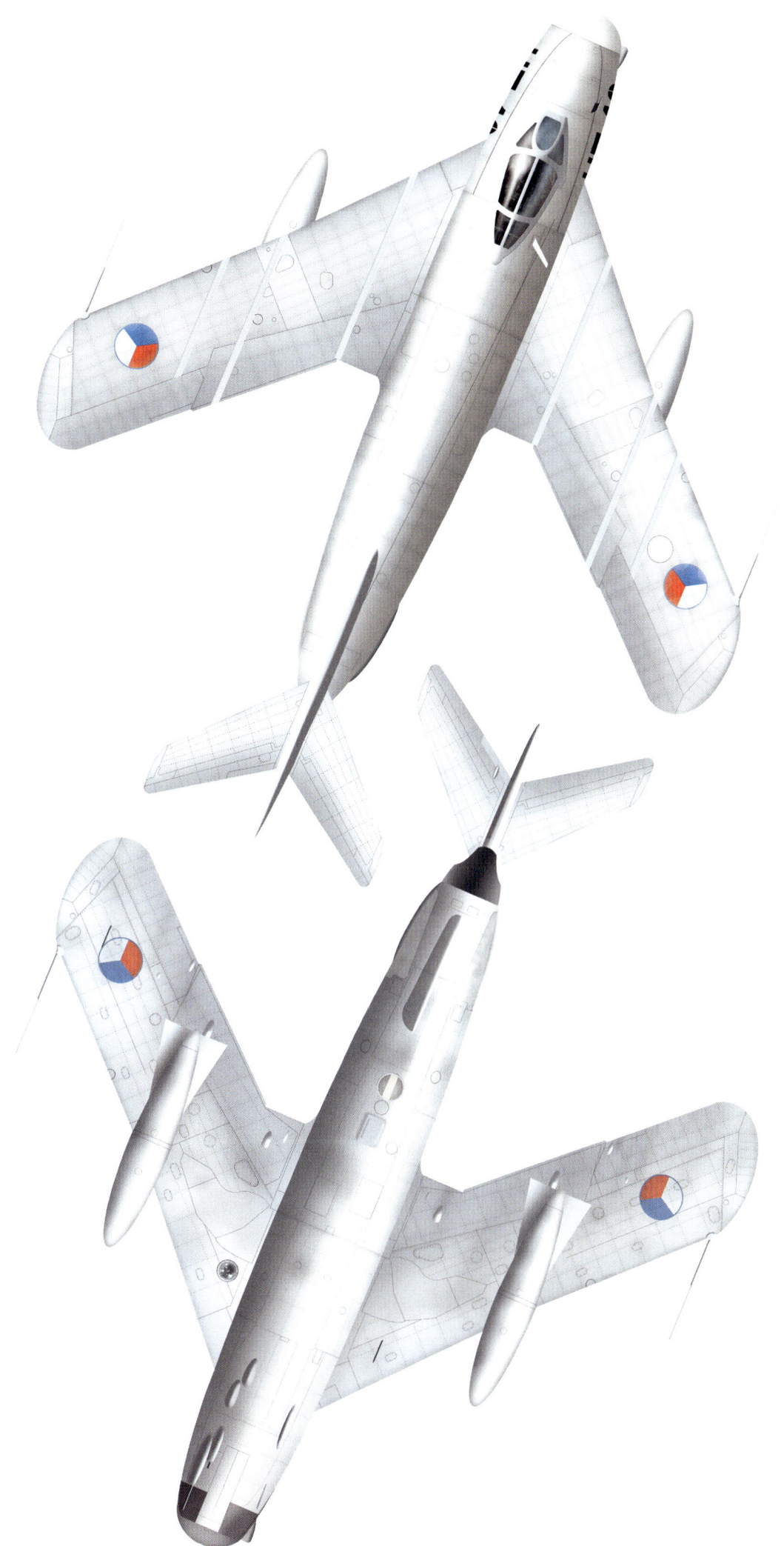

Painted by / Malował: Marcin Górecki

Painted by / Malował:
Marcin Górecki

East German MiG-17F of Jagdfliegergeschwader 1 "Fritz Schmenkel". Cottbus, 1957.
The plane has markings used in 1956–1959 period.
Wschodnioniemiecki MiG-17F. Jagdfliegergeschwader 1 „Fritz Schmenkel". Cottbus, 1957 rok.
Samolot ma naniesione oznaczenia obowiązujące w latach 1956–1959.

East German MiG-17F of Jagdfliegergeschwader 2 "Juri Gagarin". Neubrandenburg-Trollenhagen, 1964.
Wschodnioniemiecki MiG-17F. Jagdfliegergeschwader 2 „Juri Gagarin". Neubrandenburg-Trollenhagen, 1964 rok.

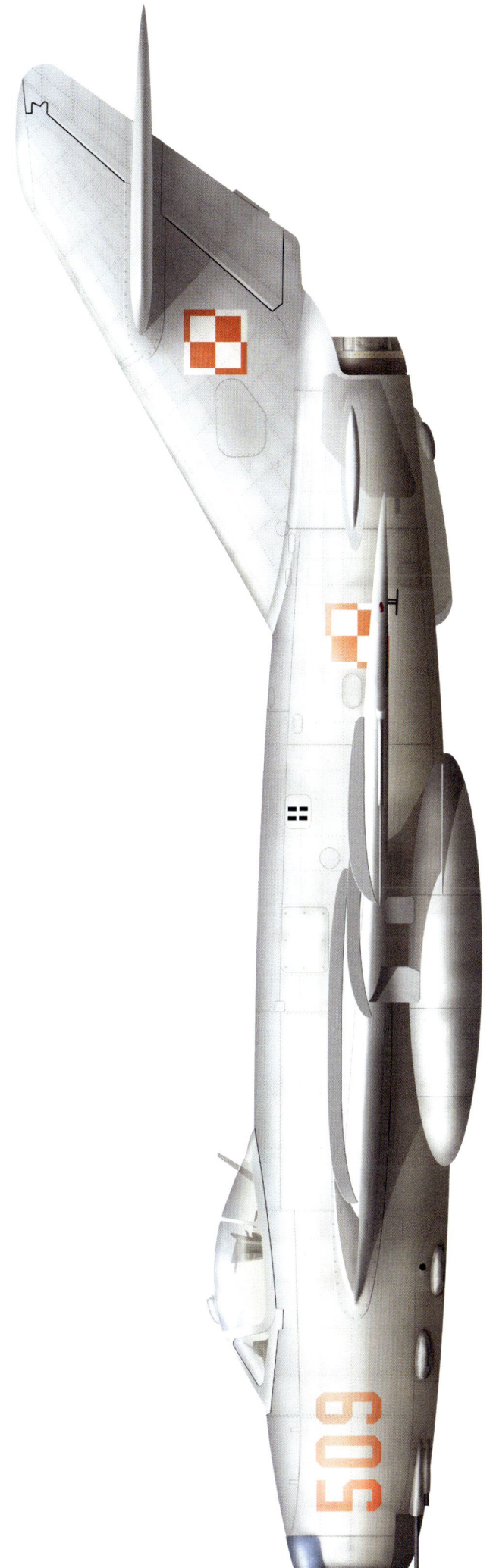

Painted by / Malował: Marcin Górecki

Polish Lim-5P "Marysia" of 10th Fighter Aviation Regiment. Łask, 1966.
Polski Lim-5P „Marysia". 10 Pułk Lotnictwa Myśliwskiego. Łask, 1966 rok.

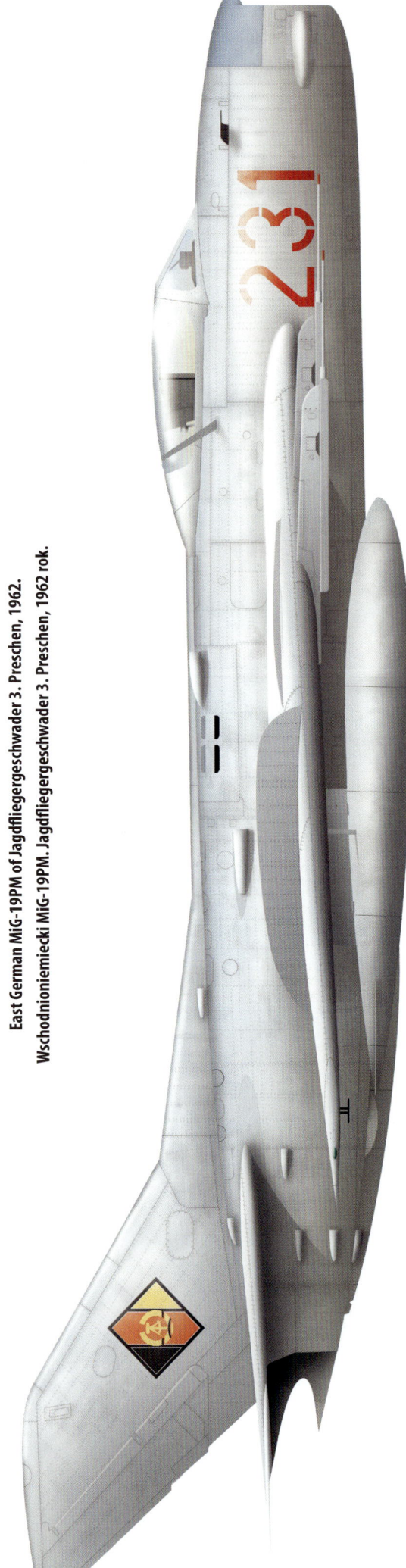

Painted by / Malował: Marcin Górecki

East German MiG-19PM of Jagdfliegergeschwader 3. Preschen, 1962.
Wschodnioniemiecki MiG-19PM. Jagdfliegergeschwader 3. Preschen, 1962 rok.

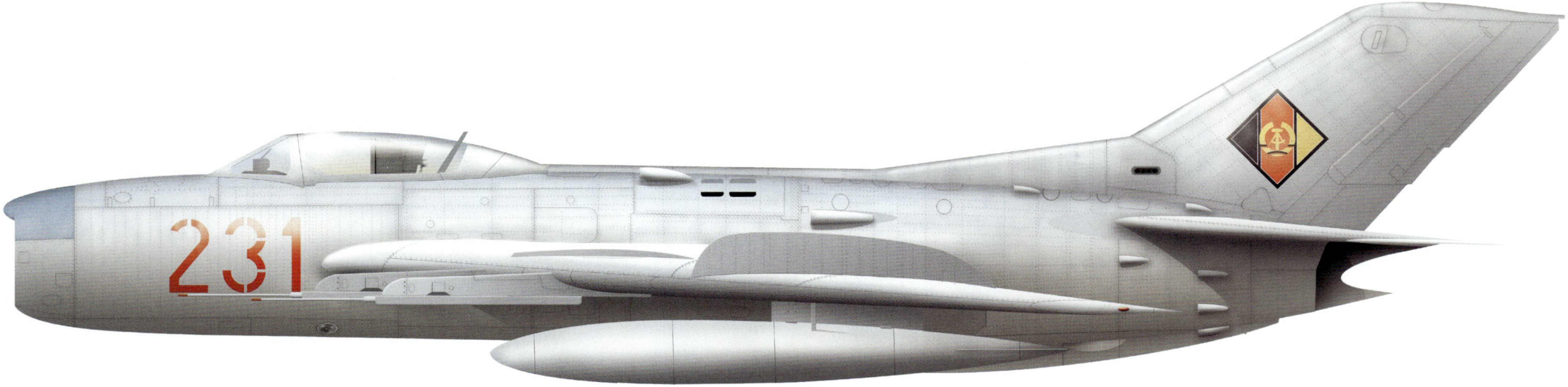

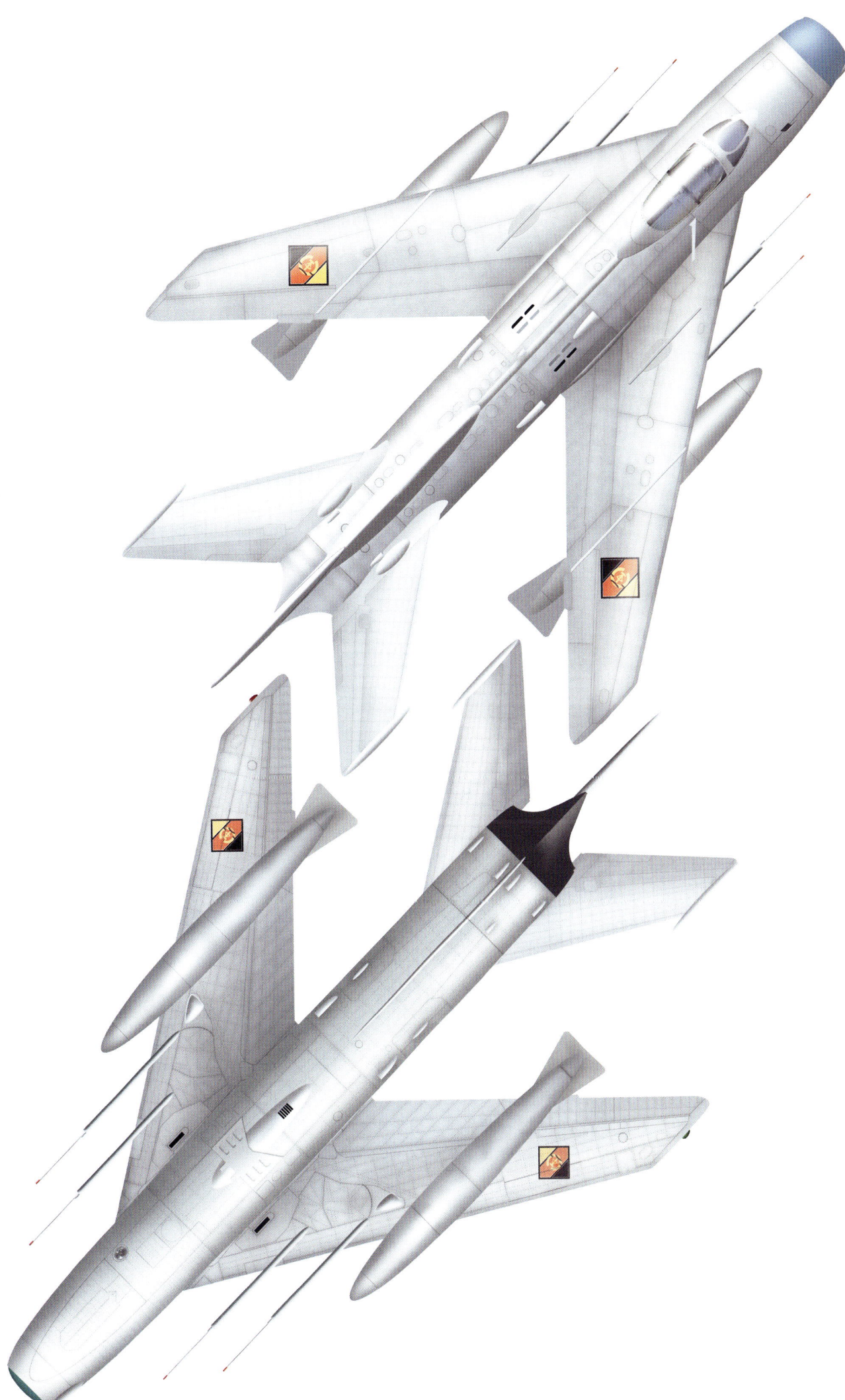

Painted by / Malował: Marcin Górecki

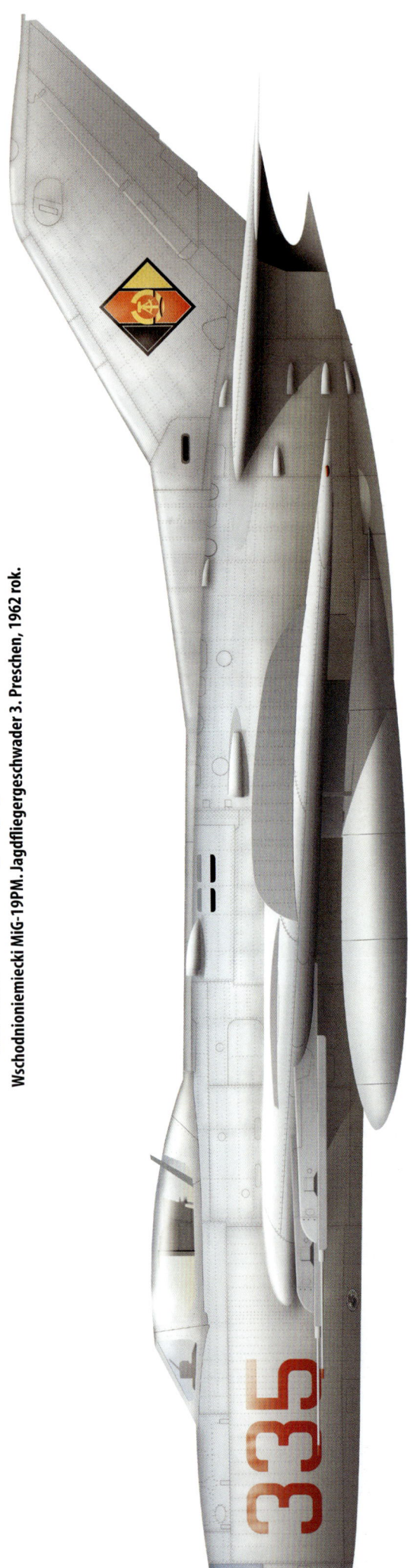

East German MiG-19PM of Jagdfliegergeschwader 3. Preschen, 1962.
Wschodnioniemiecki MiG-19PM. Jagdfliegergeschwader 3. Preschen, 1962 rok.

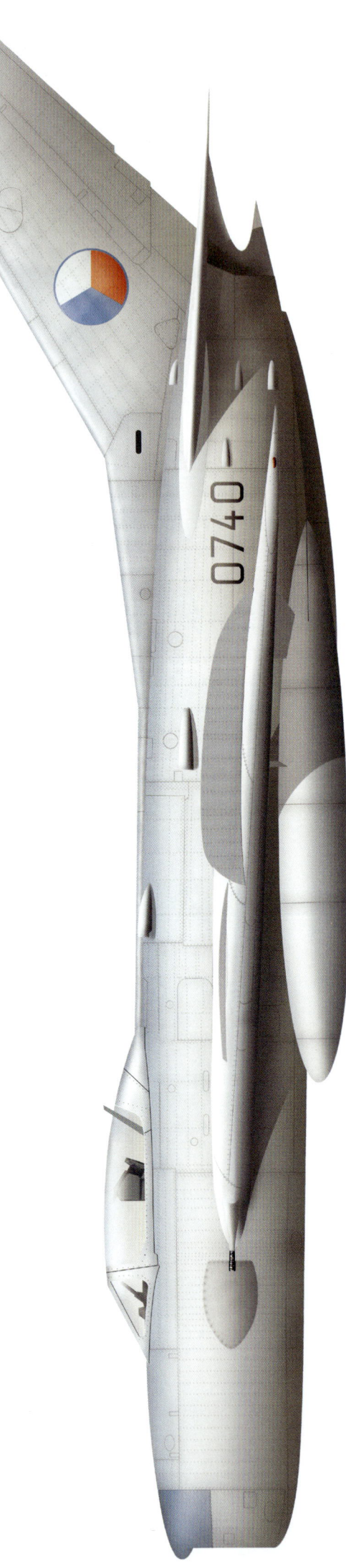

Czechoslovak MiG-19P of 11. stíhací letecký pluk. Žatec, 1968.
Czechosłowacki MiG-19P. 11. stíhací letecký pluk. Žatec, 1968 rok.

Painted by / Malował: Marcin Górecki

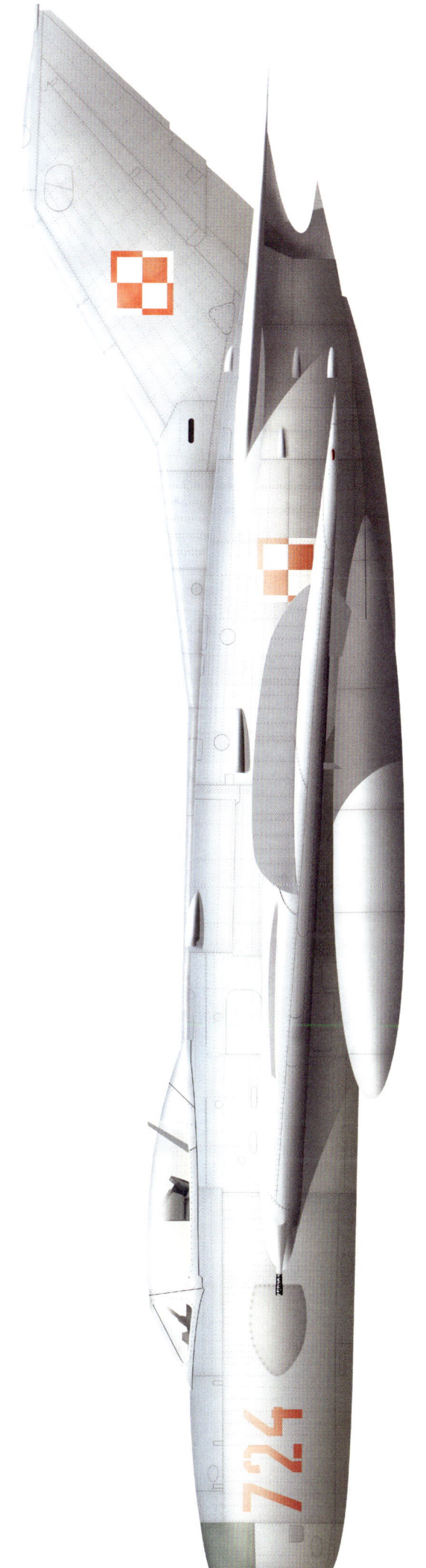

Polish MiG-19P of 28th Fighter Aviation Regiment. Słupsk-Redzikowo.
Polski MiG-19P. 28 Pułk Lotnictwa Myśliwskiego. Słupsk-Redzikowo.

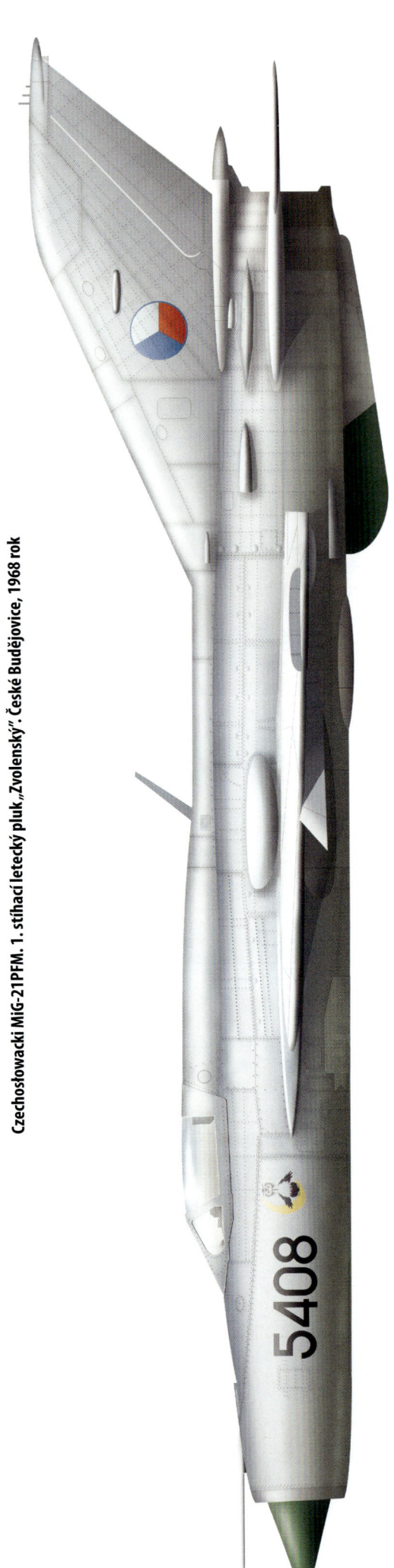

Czechoslovakian MiG-21PFM of 1. stíhací letecký pluk "Zvolenský". České Budějovice, 1968.
Czechosłowacki MiG-21PFM. 1. stíhací letecký pluk „Zvolenský". České Budějovice, 1968 rok

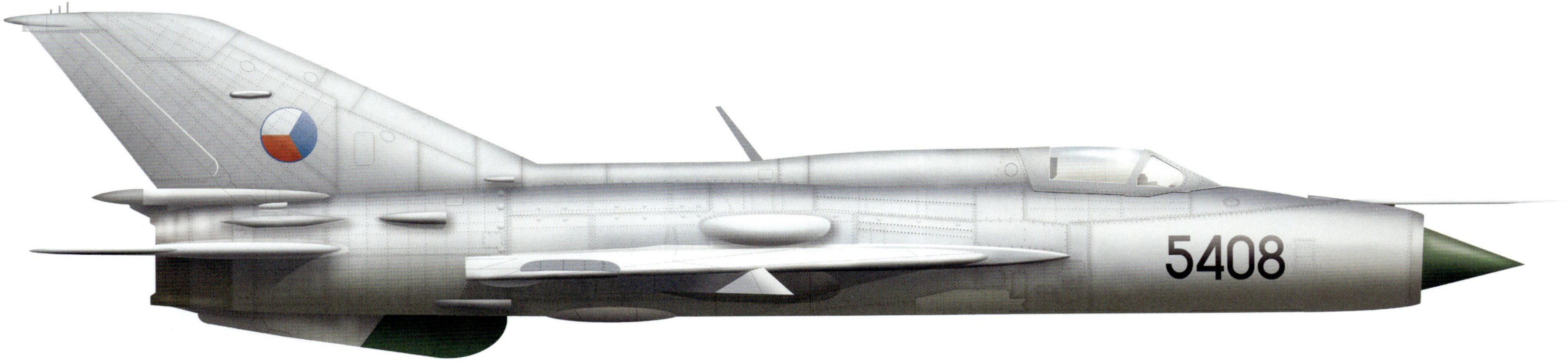

Painted by / Malował:
Marcin Górecki

Painted by / Malował:
Marcin Górecki

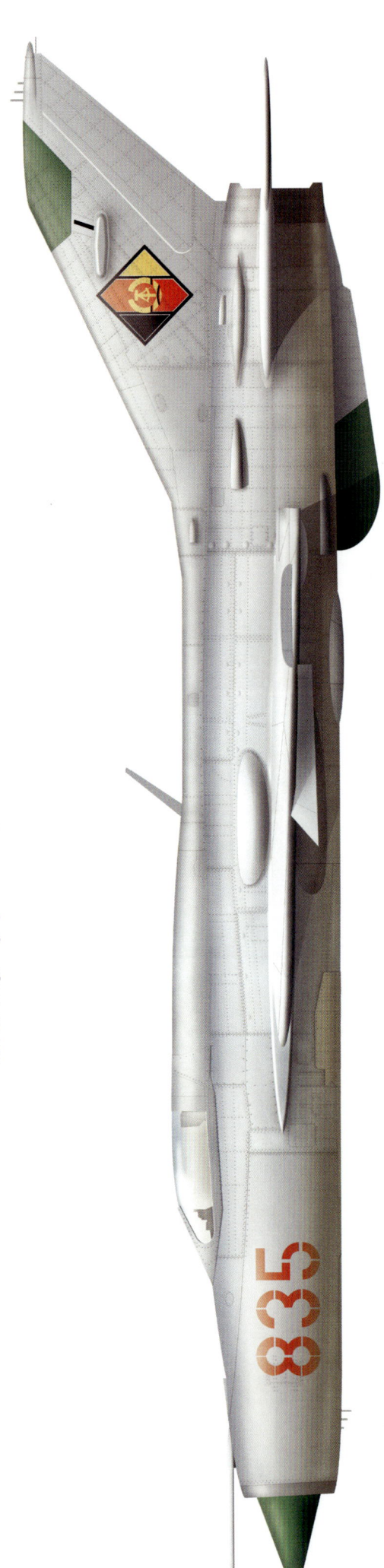

MiG-21PF of Jagdfliegergeschwader 8 "Hermann Mattern". Marxwalde 1964.
MiG-21PF Jagdfliegergeschwader 8 „Hermann Mattern". Marxwalde 1964 rok.

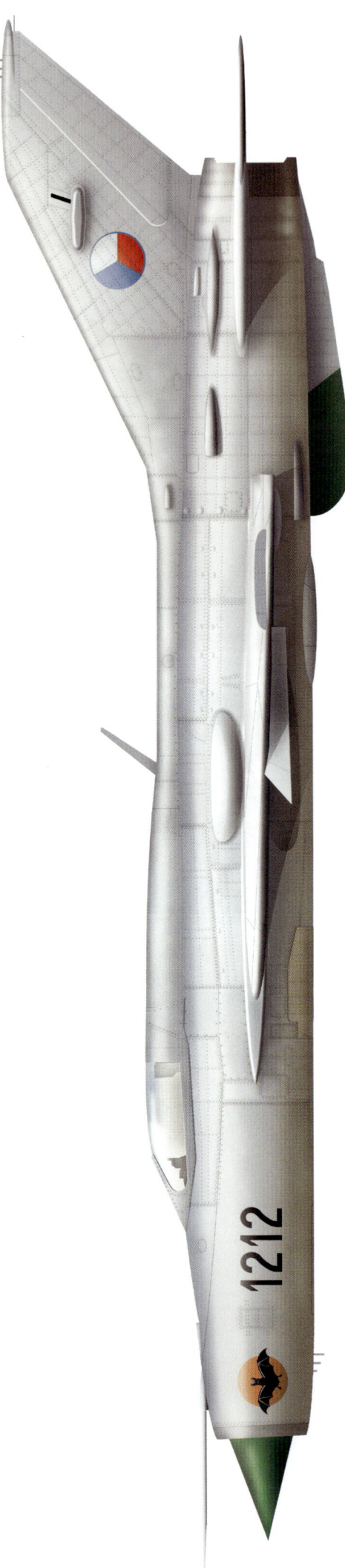

Czechoslovakian MiG-21PF of 1. stíhací letecký pluk "Zvolenský". České Budějovice, 1968.
Czechosłowacki MiG-21PF. 1. stíhací letecký pluk „Zvolenský". České Budějovice, 1968 rok.

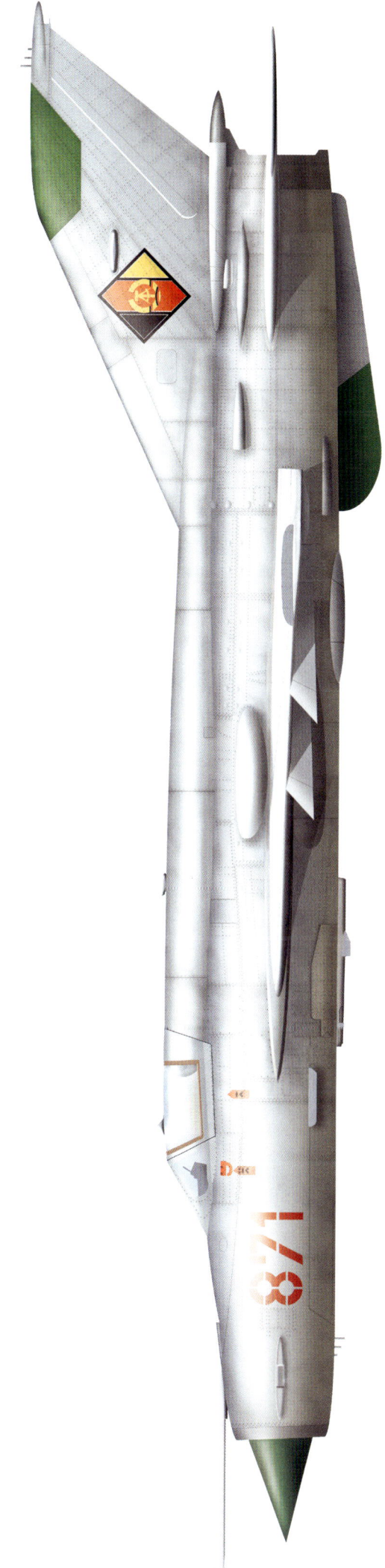

Painted by / Malowal: Marcin Górecki

East German MiG-21bis of Jagdfliegergeschwader 9 "Heinrich Rau". Peenemünde, 1976.
Wschodnioniemiecki MiG-21bis. Jagdfliegergeschwader 9 „Heinrich Rau". Peenemünde, 1976 rok.

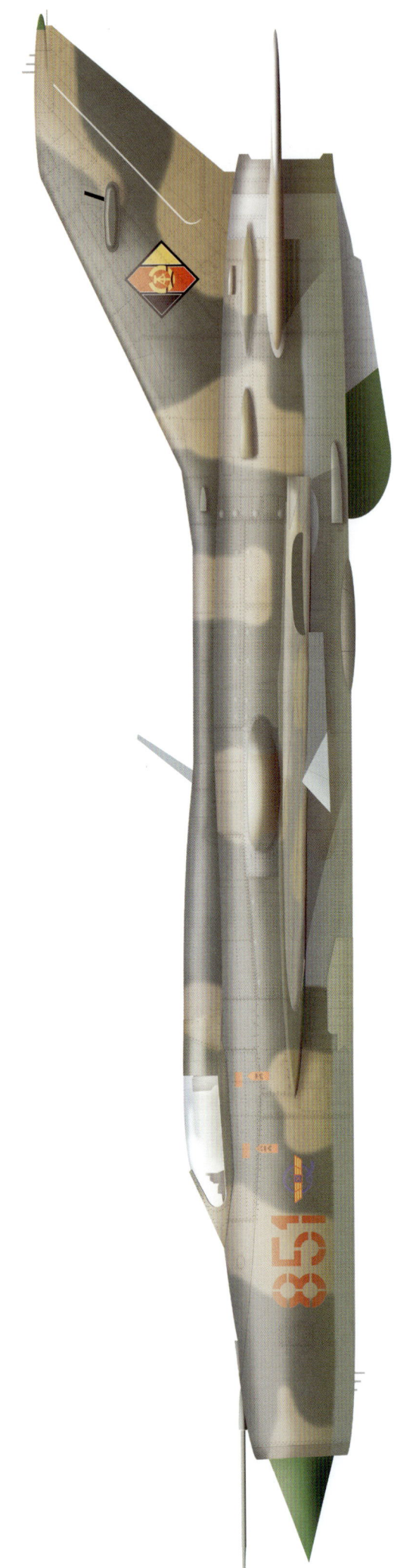

Painted by / Malował: Marcin Górecki

East German MiG-21PF of Jagdfliegergeschwader 2 "Juri Gagarin". Trollenhagen, the end of the 1980s.
Wschodnioniemiecki MiG-21PF. Jagdfliegergeschwader 2 „Juri Gagarin". Trollenhagen, koniec lat osiemdziesiątych.

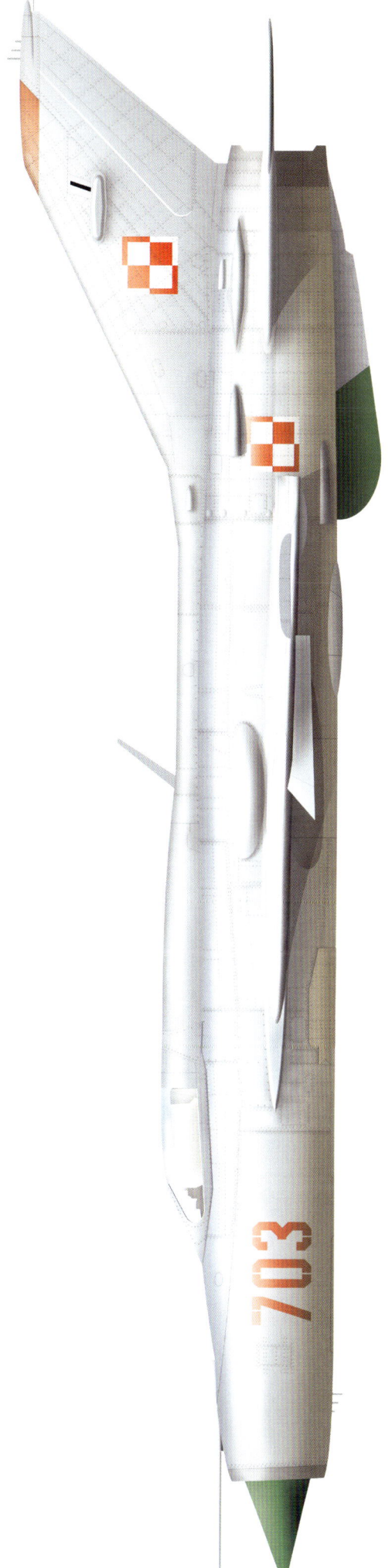

Polish MiG-21PF of 1st Fighter Aviation Regiment. 1980s.
Polski MiG-21PF. 1 Pułk Lotnictwa Myśliwskiego. Lata osiemdziesiąte XX wieku.

Painted by / Malowat: Marcin Górecki

Soviet MiG-23M of 787 IAP. Brandenburg, 1970s.
Radziecki MiG-23M, 787 IAP. Brandenburg, lata siedemdziesiąte.

Painted by / Malował:
Marcin Górecki

Painted by / Malował: Marcin Górecki

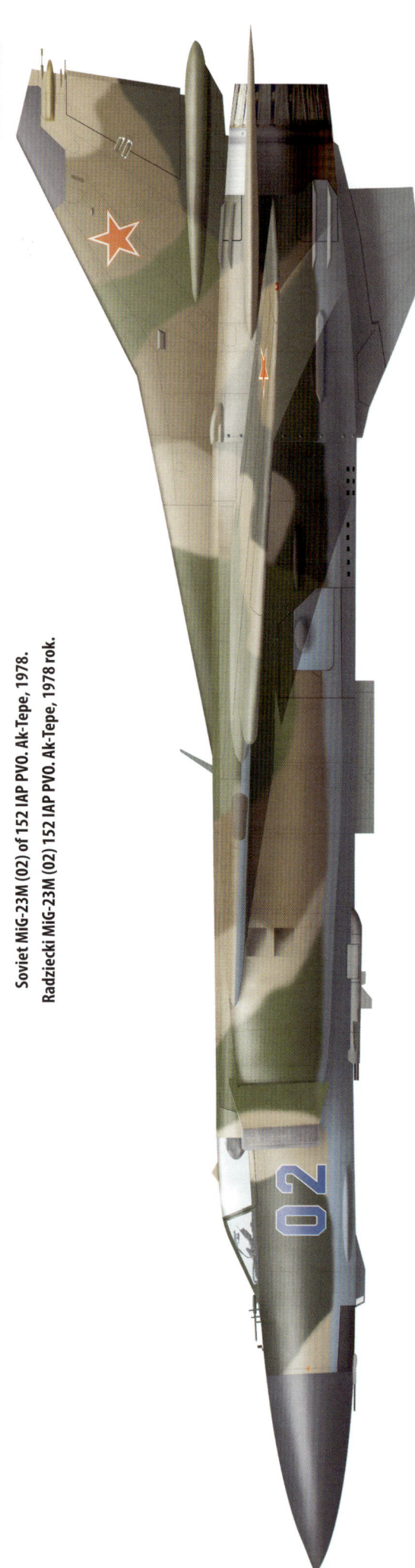

Soviet MiG-23M (02) of 152 IAP PVO. Ak-Tepe, 1978.
Radziecki MiG-23M (02) 152 IAP PVO. Ak-Tepe, 1978 rok.

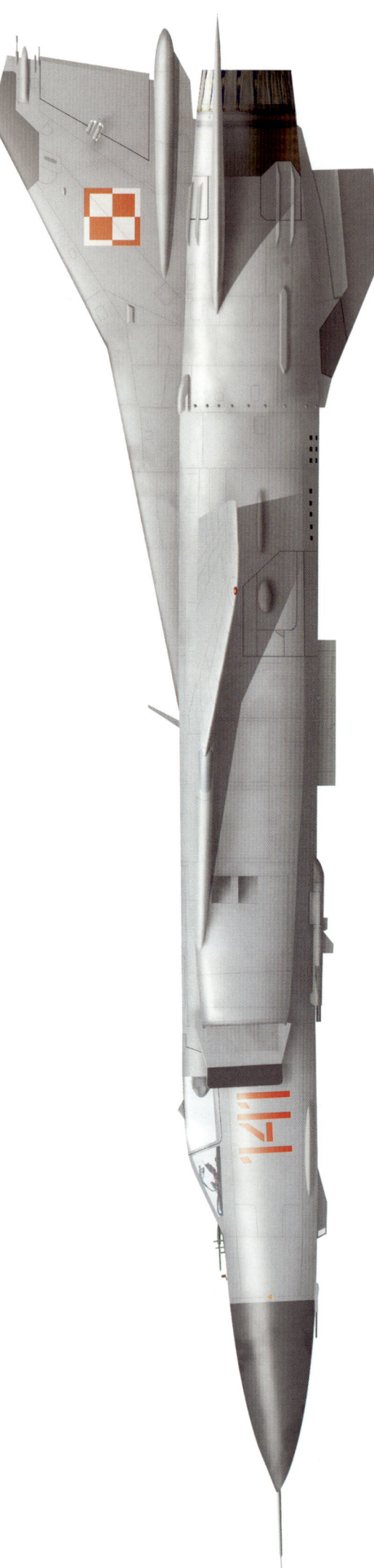

Polish MiG-23MF of 28th Fighter Aviation Regiment. Słupsk-Redzikowo, the beginning of the 1980s. The plane in the original gray painting.
Polski MiG-23MF. 28 Pułk Lotnictwa Myśliwskiego. Słupsk-Redzikowo, początek lat osiemdziesiątych. Samolot w oryginalnym szarym malowaniu.

Painted by / Malował: Marcin Górecki

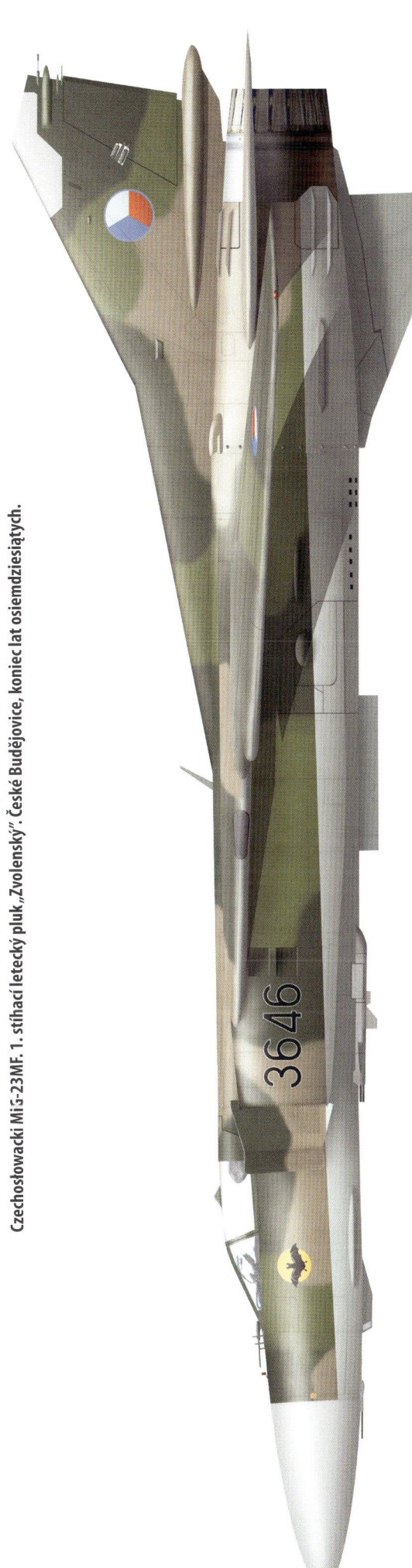

Czechoslovakian MiG-23MF of 1. stíhací letecký pluk "Zvolenský". České Budějovice, the end of the 1980s.
Czechosłowacki MiG-23MF. 1. stíhací letecký pluk „Zvolenský". České Budějovice, koniec lat osiemdziesiątych.

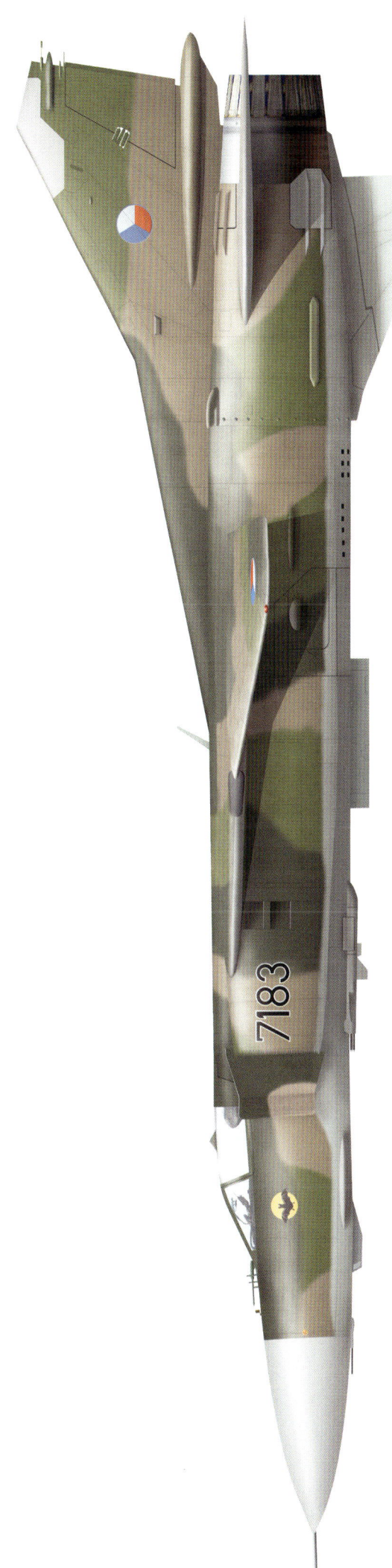

Czechoslovakian MiG-23MF of 1. stíhací letecký pluk "Zvolenský". České Budějovice, the end of the 1980s.
Czechosłowacki MiG-23MF. 1. stíhací letecký pluk „Zvolenský". České Budějovice, koniec lat osiemdziesiątych.

Painted by / Malował:
Marcin Górecki

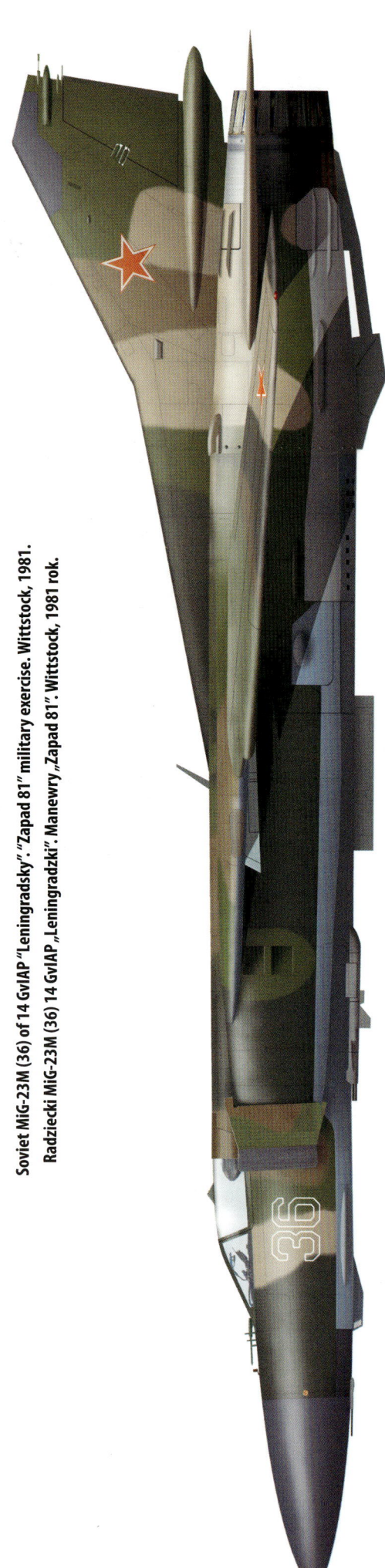

Soviet MiG-23M (36) of 14 GvIAP "Leningradsky". "Zapad 81" military exercise. Wittstock, 1981.
Radziecki MiG-23M (36) 14 GvIAP „Leningradzki". Manewry „Zapad 81". Wittstock, 1981 rok.

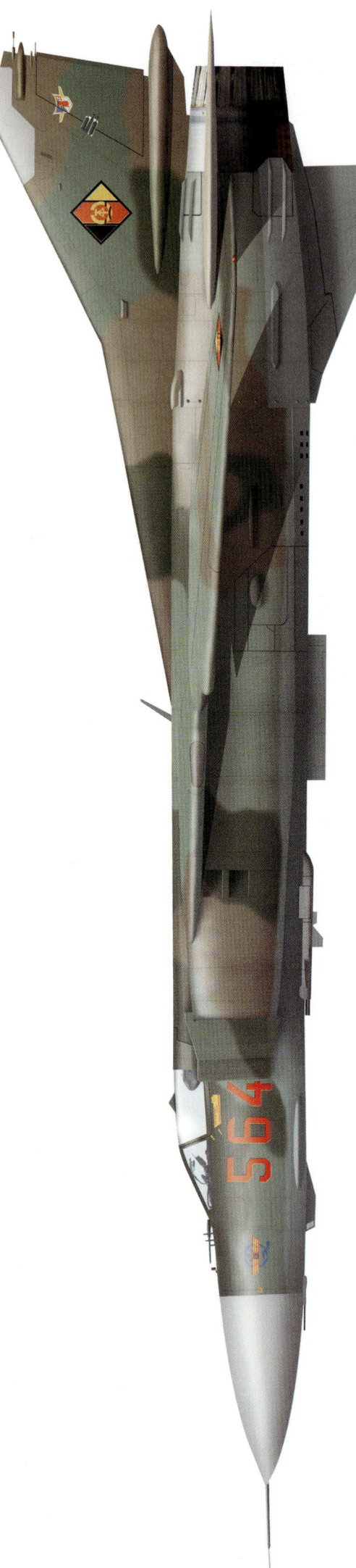

East German MiG-23MF of Jagdfliegergeschwader 9 "Heinrich Rau". Peenemünde, 1988.
Wschodnioniemiecki MiG-23MF. Jagdfliegergeschwader 9 „Heinrich Rau". Peenemünde, 1988 rok.

Painted by / Malował: Marcin Górecki

East German MiG-23MF of Jagdfliegergeschwader 9 "Heinrich Rau". Peenemünde, 1988.

Wschodnioniemiecki MiG-23MF. Jagdfliegergeschwader 9 „Heinrich Rau". Peenemünde, 1988 rok.

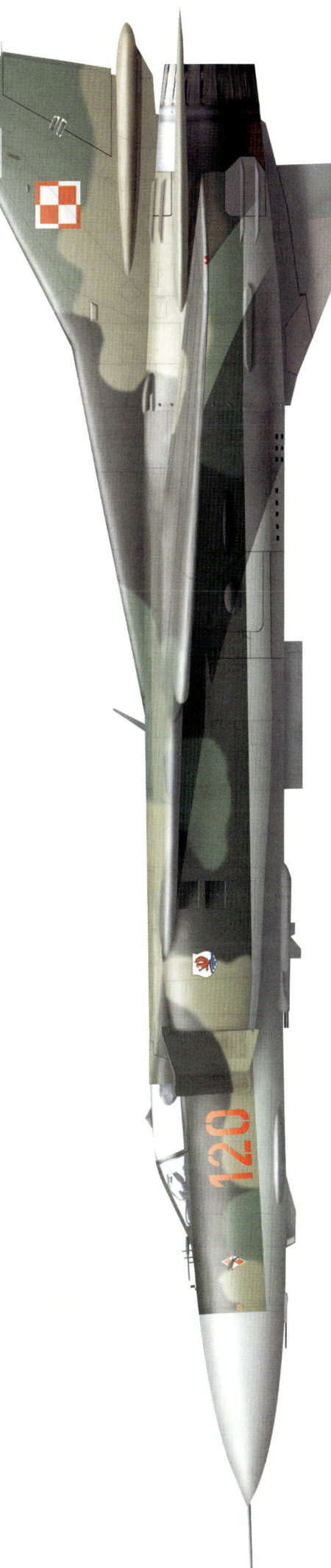

Polish MiG-23MF of 28th Fighter Aviation Regiment. Słupsk-Redzikowo, 1989. The plane in a post-renovation painting made in the East Germany.

Polski MiG-23MF. 28 Pułk Lotnictwa Myśliwskiego. Słupsk-Redzikowo, 1989 rok. Samolot w poremontowym malowaniu wykonanym w NRD.

Painted by / Malował:
Marcin Górecki

East German MiG-23MF of Jagdfliegergeschwader 9 "Heinrich Rau". Peenemünde, 1988.
Wschodnioniemiecki MiG-23MF. Jagdfliegergeschwader 9 „Heinrich Rau". Peenemünde, 1988 rok.

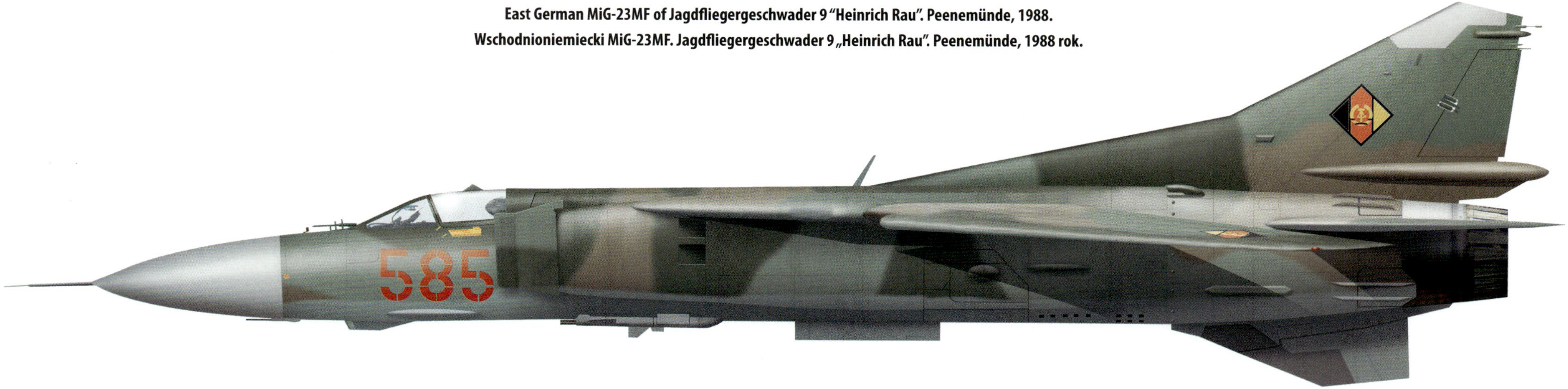

Painted by / Malował: Marcin Górecki

Painted by / Malował:
Marcin Górecki

Soviet MiG-29A of 33 IAP, Wittstock, 1980s.
Radziecki MiG-29A. 33 IAP, Wittstock, lata osiemdziesiąte.

Soviet MiG-29A of 968 IAP. Altenburg, 1980s.
Radziecki MiG-29A. 968 IAP. Altenburg, lata osiemdziesiąte.

Painted by / Malował:
Marcin Górecki

Painted by / Malował:
Marcin Górecki

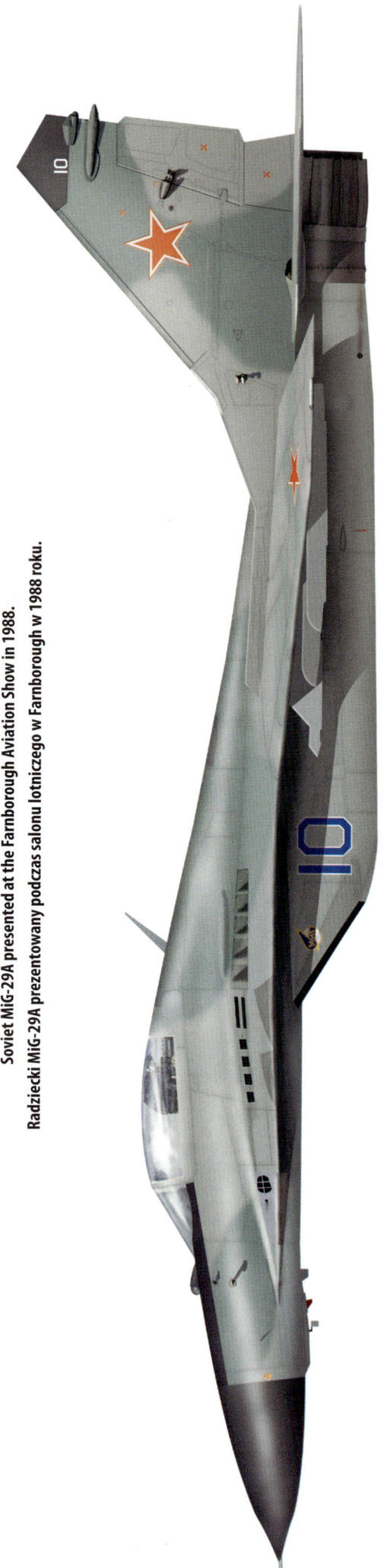

Soviet MiG-29A presented at the Farnborough Aviation Show in 1988.
Radziecki MiG-29A prezentowany podczas salonu lotniczego w Farnborough w 1988 roku.

Painted by / Malował:
Marcin Górecki

Painted by / Malował: Marcin Górecki

East German MiG-29A of Jagdfliegergeschwader 3 "Vladimir Komarov". Preschen, 1989.
Wschodnioniemiecki MiG-29A, Jagdfliegergeschwader 3 „Vladimir Komarov". Preschen, 1989 rok.

Painted by / Malował:
Marcin Górecki

Painted by / Malował: Marcin Górecki

Soviet MiG-29A presented at the Paris aviation show in 1989.
Radziecki MiG-29A prezentowany podczas salonu lotniczego w Paryżu w 1989 roku.

Painted by / Malował: Marcin Górecki

Soviet MiG-29A of 119 MIAD Black Sea Fleet.
Radziecki MiG-29A. 119 MIAD Flota Czarnomorska.

Painted by / Malował: Marcin Górecki

East German MiG-29A of Jagdfliegergeschwader 3 "Vladimir Komarov". Preschen, 1989.
Wschodnioniemiecki MiG-29A, Jagdfliegergeschwader 3 „Vladimir Komarov". Preschen, 1989 rok.

East German MiG-29A of Jagdfliegergeschwader 3 "Vladimir Komarov". Preschen, 1989.
Wschodnioniemiecki MiG-29A, Jagdfliegergeschwader 3 „Vladimir Komarov". Preschen, 1989 rok.

Painted by / Malował: Marcin Górecki

East German MiG-29A of Jagdfliegergeschwader 3 "Vladimir Komarov". Preschen, 1989.
Wschodnioniemiecki MiG-29A, Jagdfliegergeschwader 3 „Vladimir Komarov". Preschen, 1989 rok.

Czechoslovakian MiG-29A of 1. stíhací letecký pluk. Žatec 1989.
Czechosłowacki MiG-29A, 1. stíhací letecký pluk. Žatec 1989 rok.

We recommend/Polecamy

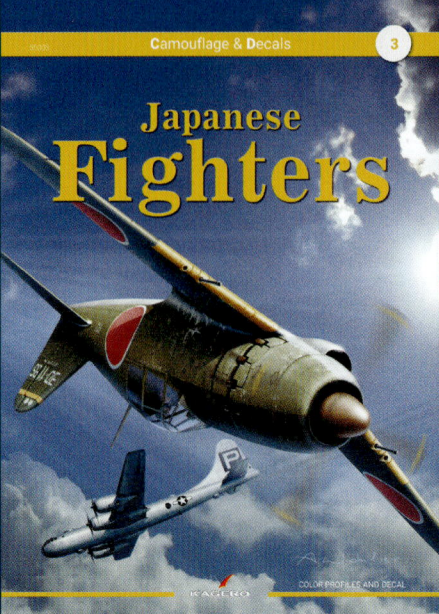
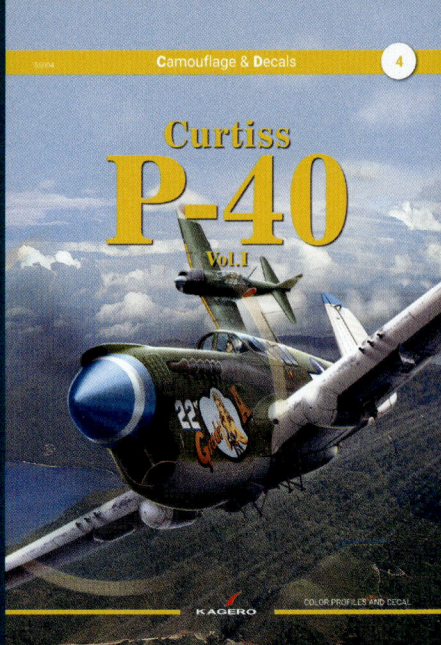

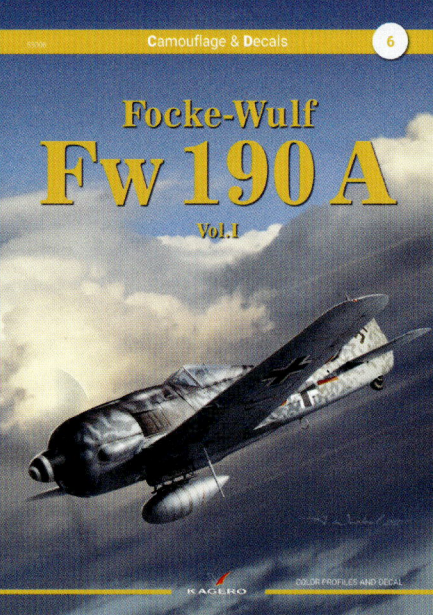
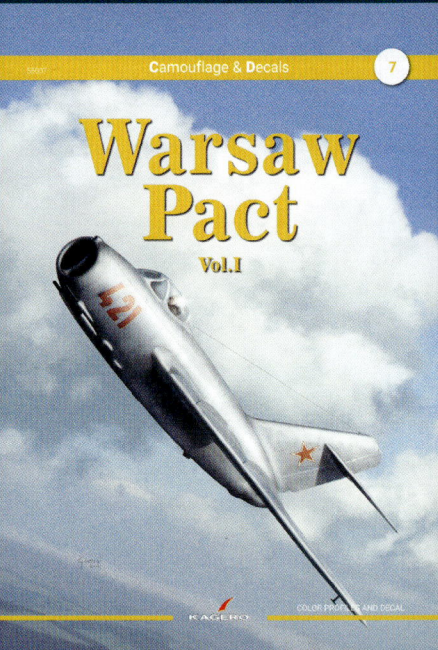

Books with decal inside/Książki z kalkomanią w środku

shop.kagero.pl

Camouflage & Decals 08 – Warsaw Pact Vol. II
First edition / Wydanie pierwsze • LUBLIN 2021 • ISBN 978-83-66673-79-3

© All rights reserved. / Wszystkie prawa zastrzeżone. Wykorzystywanie fragmentów tej książki do przedruków w gazetach i czasopismach, w audycjach radiowych i programach telewizyjnych bez pisemnej zgody Wydawcy jest zabronione. Nazwa serii zastrzeżona.
Printed in Poland / Wydrukowano w Polsce.

Series editor / Redakcja: **Damian Majsak** • Color profiles / Plansze barwne: **Marcin Górecki** • Cover artwork / Ilustracja okładki: **Marcin Górecki**
• Translation / Tłumaczenie: **Stanisław Powała-Niedźwiecki** • Design/Skład: **KAGERO STUDIO – Łukasz Maj**

Distribution / Dystrybucja: Kagero Publishing • www.kagero.pl • e-mail: kagero@kagero.pl, marketing@kagero.pl, shop@kagero.pl
Editorial Office, Marketing / Redakcja, Marketing: Kagero Publishing, ul. Akacjowa 100, os. Borek, Turka, 20-258 Lublin 62, Poland,
phone/fax +48 81 501 21 05